The Mouse Bride

A Chinese Folktale

La novia ratón

Cuento popular chino

English/Spanish

Retold by **Monica Chang**   *Illustrated by* **Lesley Liu**

Spanish translation by **Beatriz Zeller**

遠流出版公司
YUAN-LIOU PUBLISHING CO.,LTD.

A long time ago, in a large farmhouse in Taiwan, there was a mouse village built in the corner of a stone wall.

The head mouse of this small community had been thinking of his daughter's marriage. She was young and pretty, and had attracted many young fellows. But her father just could not decide which of the many suitors should be his son-in-law. He thought about this day and night, and finally made up his mind -- he would set up a fair test, and let the test itself choose the best husband for his daughter.

Hace mucho tiempo, en una gran granja en Formosa, existía un pueblo de ratones construído al pie de un muro de piedra.

El jefe de los ratones de esa pequeña comunidad se había puesto a pensar en la boda de su hija. Era joven y bella y había atraído a muchos jóvenes apuestos. Pero su padre no podía decidir cuál de todos sus pretendientes sería su yerno. Pensaba en esto día y noche, hasta que finalmente tomó una decisión: haría una prueba justa y dejaría que la prueba misma fuera lo que decidiera el mejor marido para su hija.

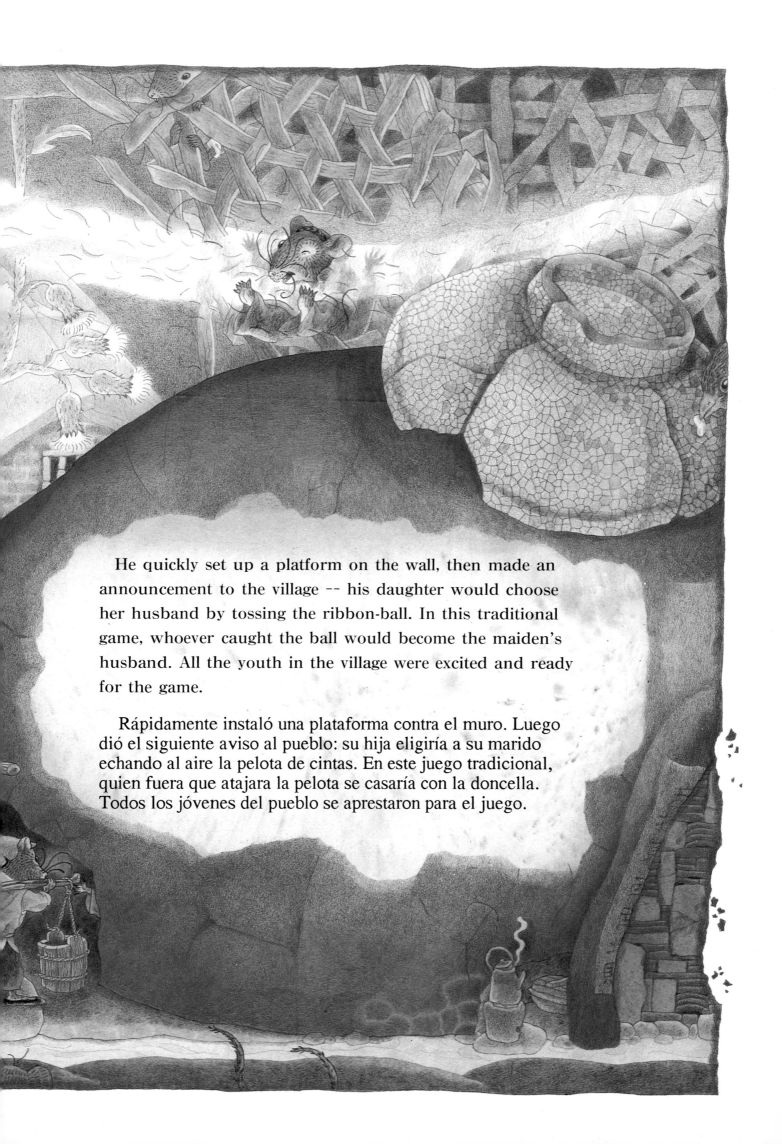

He quickly set up a platform on the wall, then made an announcement to the village -- his daughter would choose her husband by tossing the ribbon-ball. In this traditional game, whoever caught the ball would become the maiden's husband. All the youth in the village were excited and ready for the game.

Rápidamente instaló una plataforma contra el muro. Luego dió el siguiente aviso al pueblo: su hija eligiría a su marido echando al aire la pelota de cintas. En este juego tradicional, quien fuera que atajara la pelota se casaría con la doncella. Todos los jóvenes del pueblo se aprestaron para el juego.

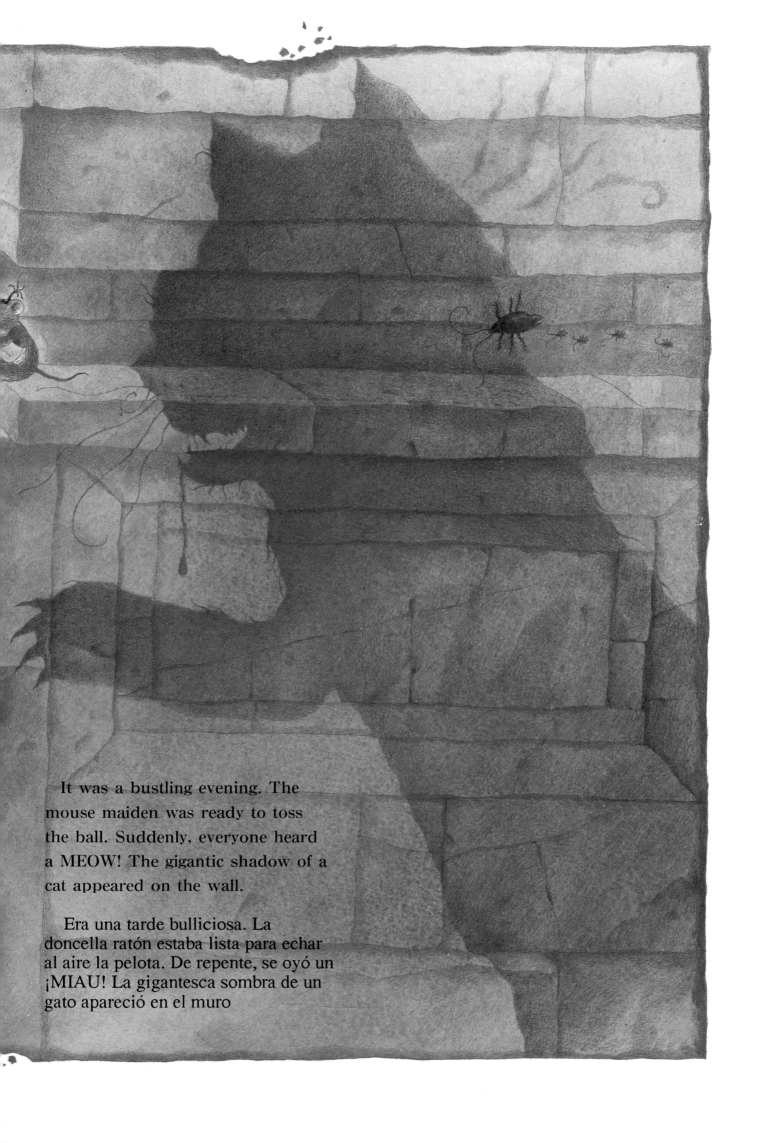

It was a bustling evening. The mouse maiden was ready to toss the ball. Suddenly, everyone heard a MEOW! The gigantic shadow of a cat appeared on the wall.

Era una tarde bulliciosa. La doncella ratón estaba lista para echar al aire la pelota. De repente, se oyó un ¡MIAU! La gigantesca sombra de un gato apareció en el muro

A Cat! The big black cat lunged at the ribbon-ball. Its claws swiped at the platform, smashing everything to pieces. Every mouse fled, screaming. The mouse maiden was so scared that she fell from the wall. She was caught by a young mouse named Ah-Lang, who grabbed her hand and ran away.

¡Un gato! El enorme gato negro se lanzó sobre la pelota de cintas. De un sólo zarpazo sus garras derribaron la plataforma. Huyeron todos los ratones dando gritos. La doncella ratón estaba tan asustada que cayó del muro. La atajó un joven ratón de nombre Ah-Lang, quien la tomó de la mano y huyó con ella.

In his dreams that night, the head mouse saw the big black cat catch his daughter. He heard her screams and wails. Then he woke up, and found himself trembling all over.

Holding a pillow to himself, he began to think. What could he do to protect her? Finally, he sat up in bed and decided what to do. He would find the strongest husband in the world for her. Much stronger than the cat.

Esa noche, el jefe de los ratones soñó que el gato negro había apresado a su hija. Oía sus gritos y lamentos. Se despertó temblando.

Apoyado en una almohada se puso a pensar. ¿Qué podía hacer para protegerla? Finalmente se incorporó y tomó una decisión. Iba a salir en busca del marido más fuerte del mundo para su hija. Mucho más fuerte que el gato.

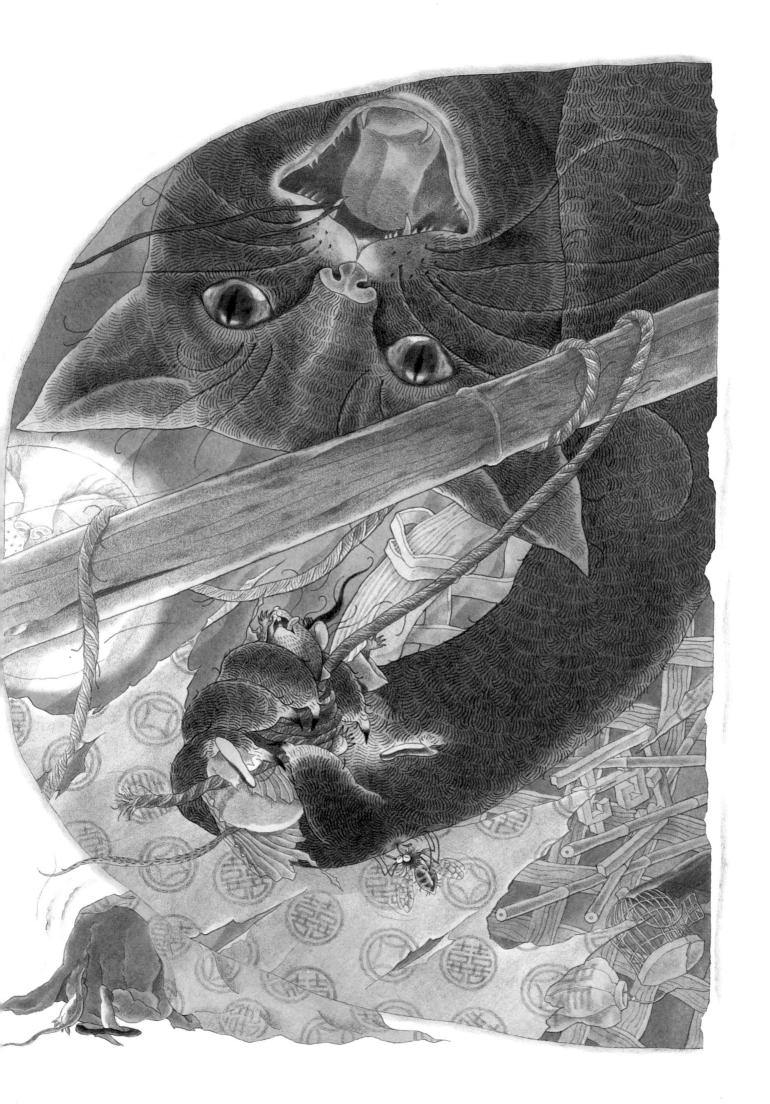

But who could be the strongest in the whole world? He thought and thought until dawn broke. The sun beams gently touched upon his face through the roof cracks. The head mouse was instantly on his feet yelling, "The Sun! The Sun is the strongest in the world. For no one can live, nor can anything grow if the Sun does not shine. I shall marry my daughter to the Sun."

He immediately packed his knapsack and went off to find the Sun.

Pero, ¿quién podía ser el más fuerte del mundo? Se quedó pensando hasta el alba. Los rayos de sol que entraban por las ranuras del techo rozaron su rostro suavemente. El jefe de los ratones se puso de pie al instante y de un grito dijo, "¡El Sol! El Sol es lo más fuerte en el mundo ya que nadie puede vivir, ni nada puede crecer si el Sol no brilla. Casaré a mi hija con el Sol."

De inmediato preparó su mochila y partió en busca del Sol.

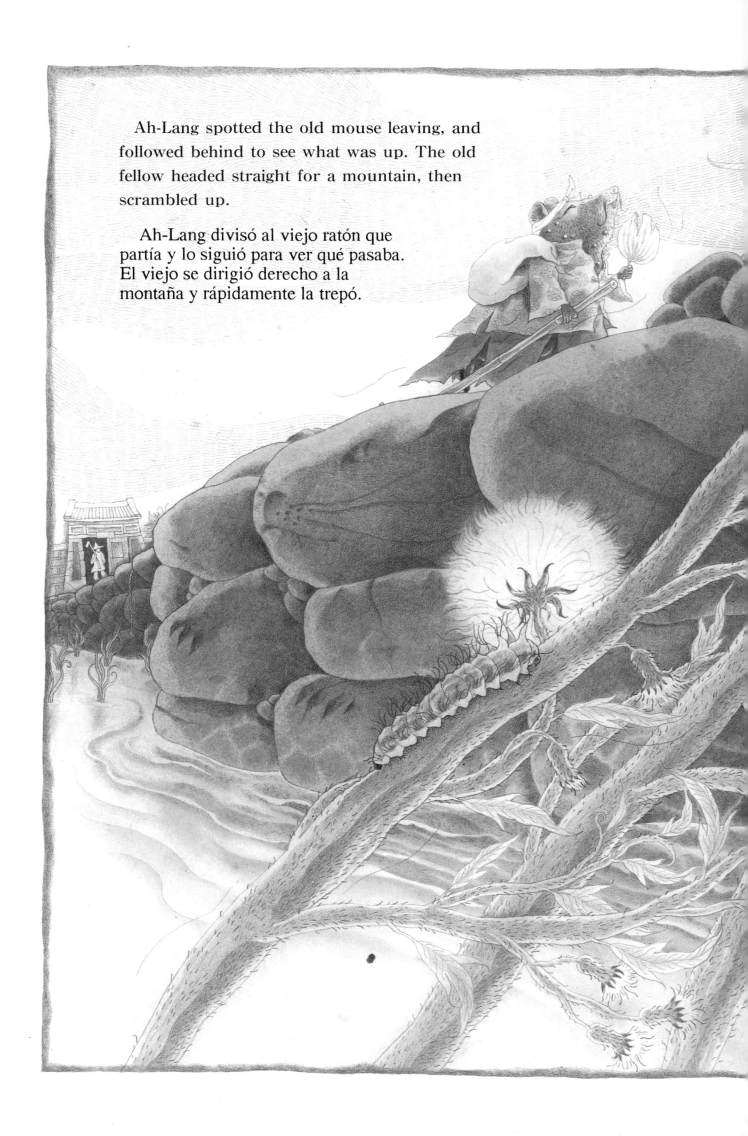

Ah-Lang spotted the old mouse leaving, and followed behind to see what was up. The old fellow headed straight for a mountain, then scrambled up.

Ah-Lang divisó al viejo ratón que partía y lo siguió para ver qué pasaba. El viejo se dirigió derecho a la montaña y rápidamente la trepó.

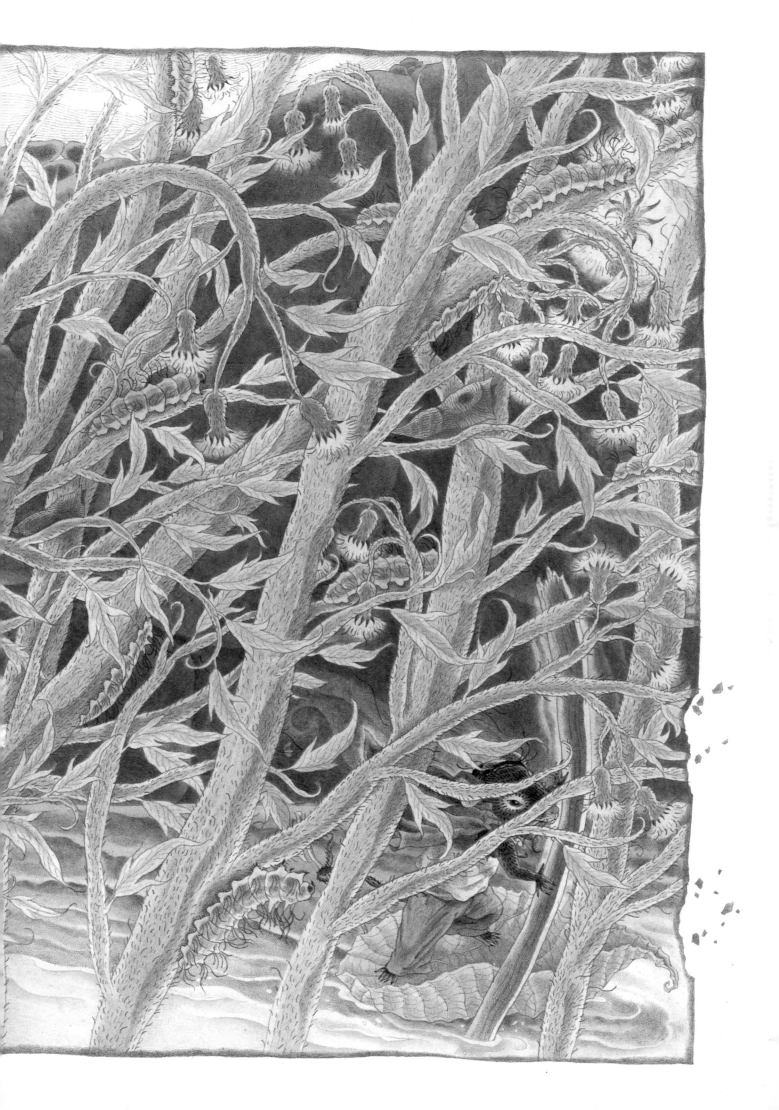

Standing on the mountain top, the mouse leader said to the Sun, "Excuse me, are you the strongest in the world?" Bursting with light and heat, the Sun answered "Of course, I am! No one can resist my great power."

De pie en la cima, el jefe de los ratones le dijo al Sol, "Disculpe, es Usted el más fuerte del mundo?" Desbordante de luz y calor el Sol respondió: "¡Por supuesto! No hay nadie que resista mi poder."

The old mouse announced, "I am the mouse leader, and I want to marry my daughter to you." But before he could finish his sentence, a dark Cloud emerged and covered the Sun.

El viejo ratón le anunció, "Yo soy el líder de los ratones y quiero que te cases con mi hija." Antes que pudiera terminar la frase apareció una nube negra y tapó al Sol.

The old mouse was stunned. But he quickly got his wits back and proposed to the Cloud, with both arms wide, "Excuse me, I am the mouse leader and I want to marry my daughter to you. Are you the strongest in the world?"

El viejo ratón quedó muy agitado. Pero rápidamente se serenó y abriendo los brazos, le dijo a la nube, "Disculpe, yo soy el jefe de los ratones y quisiera que Usted se casara con mi hija. Es Usted lo más fuerte que hay en el mundo?"

The Cloud proudly grinned, "Of course I am! I am the only one that can block the Sun's light and heat." But before the Cloud could finish his sentence, a fierce Wind arose and blew the Cloud away.

La nube sonrió con orgullo, "¡Por supuesto! Nadie más que yo puede tapar al Sol con su luz y su calor." Pero no hubo terminado su frase, cuando un viento feroz se alzó y de un soplo se llevó a la Nube.

The leader turned to the Wind and said again, "Excuse me, I am the mouse leader and I want to marry my daughter to you. Are you the strongest in the world?"

"Of course I am! I can blow away the Cloud, I can blow the hat off your head, and I can even blow you back to your house." The Wind blew up a gale that threw the old mouse high into the sky. He flew along swiftly until -- Bang! -- he crashed into the village wall and dropped to the ground. Meanwhile, Ah-Lang was blown into the river and struggled to swim to shore.

El jefe se volvió hacia el Viento y volvió a repetir, "Disculpe, yo soy el jefe de los ratones y quisiera que Usted se casara con mi hija. ¿Es Usted lo más fuerte que hay en el mundo?"

"¡Por supuesto que soy! Puedo correr a la Nube y a Usted le puedo quitar el sombrero de un soplo. Puedo incluso hacerlo volar hasta su casa." El viento empezó a soplar, se convirtió en vendaval y alzó al viejo ratón muy arriba en el aire. Voló velozmente hasta que -- ¡BUM! -- chocó con el muro del pueblo y cayó al suelo. Entretanto, Ah-Lang fue soplado por el viento al río y con mucho esfuerzo nadó hasta la orilla.

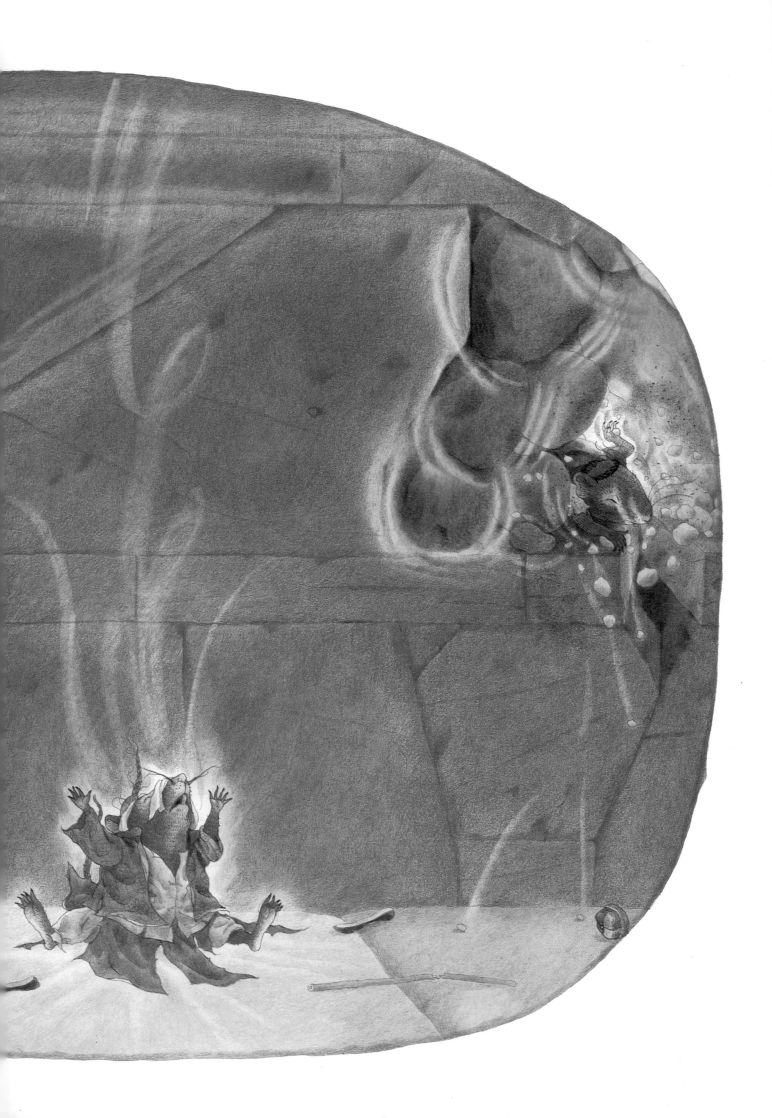

The old mouse rubbed his behind. He looked up at the Wall, then again said, "Excuse me, I am the mouse leader and I want to marry my daughter to you. Are you the strongest in the world?"

The Wall answered, "Of course I am! I fear nothing on heaven or earth. The strongest...OOUUCCH! Forgot to tell you," the Wall complained, "the one thing I fear is the Mouse." A brick fell, and out came Ah-Lang. He bowed and handed the old mouse his hat.

The old mouse finally realized that mice may be small, but they have skills that no others have. So he said to Ah-Lang, "You are the strongest of all. I will marry my daughter to you."

El viejo ratón miró Muro arriba y dijo, "Disculpe, yo soy el jefe de los ratones y quisiera que Usted se casara con mi hija. ¿Es Usted lo más fuerte que hay en el mundo?"

El Muro respondió, "¡Por supuesto! No temo ni al cielo ni a la tierra. Muy fuerte... ¡AYYY! Me olvidaba decirle", se quejó, "lo único que temo es al Ratón." Cayó un ladrillo y apareció Ah-Lang. Con una reverencia le entregó el sombrero al viejo ratón, quien finalmente entendió que los ratones pueden ser pequeños, pero tienen habilidades que otros no tienen. Así fue que le dijo a Ah-Lang, "Tú eres el más fuerte de todos. ¡Te casarás con mi hija!"

The mouse leader then prepared the traditional wedding for his daughter. On her wedding day, the beautiful bride sat on a wicker-shoe sedan chair, carried by two mice. Her dowry was put into many, many cases and carried by other mice.

El jefe de los ratones preparó una boda tradicional para su hija. El día de su boda, la bella novia iba sentada en una silla de manos, llevada por dos ratones. Su ajuar no cupo sino en muchas cajas que eran llevadas por otros ratones.

When the bride and bridegroom arrived at his parents'
house, they knelt down and bowed to them. Once, twice,
three times. All the villagers watched, then joined the
happy wedding party.

Cuando la novia y el novio llegaron a la casa de los
padres de él, se arrodillaron e hicieron una, dos, tres
reverencias. Toda la gente del pueblo los vió y luego se les
juntó para disfrutar de la alegre fiesta de bodas.

The Mouse Bride

English／Spanish

Retold by Monica Chang; Illustrated by Lesley Liu

Spanish translation by Beatriz Zeller

Copyright © 1994 by Yuan-Liou Publishing Co., Ltd.

All rights reserved.

Yuan-Liou Publishing Co., Ltd.,

7F-5, No. 184, Sec. 3, Ding Chou Rd., Taipei, Taiwan, R.O.C.

TEL: (886-2)3651212   FAX:(886-2)3657979

Printed in Taiwan

This edition is distributed exclusively by Pan Asian Publications (USA) Inc.,

29564 Union City Blvd., Union City, California, USA.